Disziplin eines göttlichen Teenagermädchens

JACOBS PRINT

Inhaltsverzeichnis

Einführung

Willkommen auf einer Reise, bei der es darum geht, die junge Frau zu werden, die Gott Sie geschaffen hat. Als Teenager-Mädchen stehen Sie vor so vielen Herausforderungen, Fragen und Entscheidungen. In einer Welt, die einen ständig in verschiedene Richtungen zieht, verliert man leicht den Fokus darauf, wer man ist und worauf es wirklich ankommt. Dieses Buch soll Ihnen helfen, ein Leben aufzubauen, das auf der Wahrheit Gottes basiert und in Ihrem Glauben, Charakter und Ziel zu wachsen.

Nehmen Sie Ihre Glaubensreise an

Ihre Glaubensreise besteht nicht nur aus einer Liste von Regeln oder Aufgaben. Es ist eine Beziehung mit Jesus – ein täglicher Spaziergang mit dem Einen, der dich vollkommen kennt und dich bedingungslos liebt. Wenn Sie sich auf diese Reise begeben, entscheiden Sie sich dafür, Gott Ihre Schritte leiten zu lassen, Ihren Charakter zu formen und Ihr Fundament zu sein. In Sprüche 3:56 werden wir daran erinnert:

„Vertraue auf den Herrn von ganzem Herzen und verlasse dich nicht auf deinen eigenen Verstand; Unterwerfe dich ihm auf allen deinen Wegen, und Er wird deine Pfade gerade machen." Gott zu vertrauen bedeutet nicht, dass Sie alle Antworten haben, aber es bedeutet, dass Sie niemals allein sind.

Zu lernen, mit Gott zu wandeln, beginnt damit, Zeit mit ihm zu verbringen – durch Gebet, Anbetung und das Lesen seines Wortes. Das sind nicht nur „gute Dinge, die man tun kann". Sie sind unerlässlich, um Gottes Herz zu kennen und seine Wahrheit das eigene Herz erfüllen zu lassen. Wenn Sie regelmäßig Zeit mit Gott verbringen, werden Sie feststellen, dass er Ihnen Kraft, Weisheit und Frieden schenkt, die Ihnen kein anderer bieten kann. Gottes Wort wird zum Licht für Ihren Weg (Psalm 119:105) und hilft Ihnen, Entscheidungen zu treffen, die Sie ehren, und Sie vor den Dingen zu schützen, die Sie wegziehen können.

Dieses Buch führt Sie durch Disziplinen, die Ihnen helfen, Gott nahe zu bleiben und seine

Liebe in Ihren Handlungen und Beziehungen widerzuspiegeln. Dabei geht es nicht darum, „perfekt" zu werden, sondern darum, Gewohnheiten zu entwickeln, die Sie dem Einen näher bringen, der perfekt ist. Sie werden Wege erkunden, wie Sie Ihr Herz schützen, an Weisheit wachsen, einen mitfühlenden Geist entwickeln und mit Integrität leben können – alles auf der Grundlage des Wortes Gottes.

Sie müssen nicht alles herausgefunden haben und Sie müssen diese Reise nicht alleine gehen. Gott hat Ihnen eine Gemeinschaft von Gläubigen – Freunden, Familie und Mentoren – gegeben, die Sie begleiten können. Verlassen Sie sich auf sie, lernen Sie von ihnen und lassen Sie sich von ihnen an die Treue Gottes erinnern, wenn Sie Ermutigung brauchen.

Wenn wir also diese Reise beginnen, seien wir uns dessen bewusst: Gott hat einen wunderbaren Plan für Sie. Er lädt Sie ein, ein Leben zu führen, das von seiner Liebe, Gnade und Stärke strahlt. Lassen Sie uns gemeinsam in jede Disziplin eintauchen und Schritt für Schritt zu den

göttlichen jungen Frauen heranwachsen, zu
denen er uns berufen hat.

Teil 2: Herz und Verstand

Als fromme junge Frauen legt die Art und Weise, wie wir unser Herz und unseren Verstand formen, den Grundstein für ein Leben, das Gott ehrt. Sprüche 4:23 sagen uns: „Behüte vor allem dein Herz, denn alles, was du tust, entspringt ihm." Was wir in unser Herz und unseren Verstand einlassen, beeinflusst, wer wir werden. Daher ist es von entscheidender Bedeutung, Disziplinen aufzubauen, die sich auf Christus konzentrieren.

Disziplin der Reinheit

Bei Reinheit geht es um mehr als nur physische Grenzen; Es ist eine Möglichkeit, Gott in jedem Teil Ihres Lebens zu ehren. In Matthäus 5:8 sagt Jesus: „Selig sind die, die reinen Herzens sind, denn sie werden Gott sehen." Reinheit beginnt in Ihrem Herzen – indem Sie sich dafür entscheiden, es mit Dingen zu füllen, die Gottes Güte widerspiegeln, und sich von Dingen abzuwenden, die Sie von Ihm wegziehen. Dazu gehören die Dinge, die Sie sehen, hören, lesen und über die Sie nachdenken.

Fragen Sie sich: „Ist das etwas, das Gott ehrt?" sei es eine Show, Musik oder die Art und Weise, wie Sie online Zeit verbringen. Die Entscheidung für Reinheit fällt schwer, besonders wenn die Welt oft Dinge feiert, die nicht mit göttlichen Werten übereinstimmen. Aber wenn Sie sich für Reinheit entscheiden, entscheiden Sie sich dafür, Gottes Liebe, Respekt und Zweck in Ihrem Leben widerzuspiegeln. Setzen Sie Grenzen, die Ihnen helfen, Gott nahe zu bleiben, und denken Sie daran, dass es bei der Reinheit nicht darum geht, einer Liste von „Geboten" und „Verboten" zu folgen, sondern darum, Gott von ganzem Herzen zu lieben.

Disziplin des Denkens

Was Sie denken, prägt, wer Sie sind. Philipper 4:8 ermutigt uns: „Was wahr ist, was edel ist, was recht ist, was rein ist, was lieblich ist, was bewundernswert ist – wenn etwas ausgezeichnet oder lobenswert ist – denken Sie über solche Dinge nach." Wenn Sie Ihren Geist mit Dingen füllen, die mit Gottes Wahrheit übereinstimmen, wird dies Ihre Handlungen, Worte und Entscheidungen beeinflussen.

Beginnen Sie damit, mit Ihren Gedanken bewusst umzugehen. Wenn sich negative oder entmutigende Gedanken einschleichen, fordern Sie sie heraus. Fragen Sie sich, ob Sie mit dem übereinstimmen, was Gott über Sie sagt. Erinnern Sie sich an Schriftstellen, die Ihre Identität in Christus zum Ausdruck bringen, wie zum Beispiel „Ich bin furchtbar und wunderbar geschaffen" (Psalm 139,14) oder „Alles kann ich durch Christus tun, der mich stärkt" (Philipper 4,13). Schreiben Sie diese Verse auf, lernen Sie sie auswendig und lassen Sie sich von ihnen zur Wahrheit Gottes führen.

Disziplin der Hingabe

Bei der Hingabe geht es darum, bewusst Zeit mit Gott zu verbringen und Ihr Herz und Ihren Verstand mit Seinem zu verbinden. Es geht nicht nur darum, ein paar Verse zu lesen, sondern tiefer in eine persönliche Beziehung zu ihm einzutauchen. In Psalm 119:105 heißt es: „Dein Wort ist eine Leuchte für meine Füße, ein Licht auf meinem Weg." Gottes Wort ist ein Leitfaden für jeden Aspekt Ihres Lebens, und wenn Sie sich Zeit dafür nehmen, lernen Sie ihn besser kennen.

Machen Sie sich die tägliche Hingabe zur Gewohnheit, auch wenn es zunächst nur ein paar Minuten sind. Beginnen Sie mit einem Vers oder Kapitel, denken Sie über seine Bedeutung nach und bitten Sie Gott, Ihnen dabei zu helfen, es auf Ihr Leben anzuwenden. Beten Sie ehrlich und teilen Sie Ihre Gedanken, Probleme und Ihre Dankbarkeit mit. Finden Sie ein Andachtsbuch, das Sie anspricht, oder notieren Sie Ihre

Gedanken und Gebete. Konsequente Hingabe hält Sie mit Gott verbunden, stärkt Ihren Glauben und erinnert Sie an seine Versprechen.

Disziplin der Selbstreflexion

Bei der Selbstreflexion nehmen Sie sich die Zeit, nach innen zu schauen und Ihre Gedanken, Handlungen und Motive zu bewerten. In Psalm 139:23-24 heißt es: „Erforsche mich, Gott, und erkenne mein Herz; Teste mich und erkenne meine ängstlichen Gedanken. "Sieh, ob in mir ein beleidigender Weg ist, und führe mich auf dem ewigen Weg." Selbstreflexion hilft Ihnen, Ihr Herz mit dem Gottes auszurichten und Bereiche zu identifizieren, in denen Sie wachsen müssen.

Nehmen Sie sich am Ende eines jeden Tages einen Moment Zeit zum Nachdenken. Stellen Sie sich Fragen wie: „Habe ich Gott heute in meinen

Taten geehrt?“ oder „War ich freundlich und mitfühlend?“ Wenn Ihnen Bereiche auffallen, in denen Sie versäumt haben, bringen Sie diese im Gebet zu Gott, bitten Sie ihn um Vergebung und bitten Sie ihn um Hilfe, um zu wachsen. Bei der Selbstreflexion geht es nicht um Perfektion, sondern darum, kleine, konsequente Veränderungen vorzunehmen, um Christus ähnlicher zu werden.

Teil 3: Beziehungen

Gott hat uns geschaffen, um in Gemeinschaft zu leben, und Beziehungen sind ein großer Teil davon, wie wir in unserem Glauben wachsen. Aber seien wir ehrlich: Beziehungen können kompliziert sein! Ob Familie, Freunde, Mentoren oder sogar Menschen, die unser Mitgefühl brauchen: Zu lernen, andere gut zu lieben, ist eine der wichtigsten Arten, wie wir Gottes Liebe in der Welt widerspiegeln. Hier geht es darum, Beziehungen aufzubauen, die Gott ehren und Ihnen helfen, die junge Frau zu werden, zu der er Sie berufen hat. Jede Beziehung in Ihrem Leben ist eine Gelegenheit, zu lernen, zu wachsen und Gottes Liebe auf praktische Weise zu zeigen.

Disziplin der Familie

Familienbeziehungen gehören zu den herausforderndsten und lohnendsten Beziehungen, die wir haben. Die Bibel ruft uns dazu auf, unsere Eltern und Geschwister zu ehren und zu lieben, auch wenn es schwer fällt.

Epheser 6:1-3 erinnert uns daran, „deinen Vater und deine Mutter zu ehren", was nicht immer einfach ist, insbesondere bei Meinungsverschiedenheiten oder Missverständnissen. Aber zu lernen, unsere Familie zu respektieren und wertzuschätzen, ist grundlegend – es lehrt uns Geduld, Freundlichkeit und Vergebung.

Suchen Sie zunächst nach Möglichkeiten, Ihrer Familie zu dienen, sei es, indem Sie bei der Hausarbeit helfen, zuhören, wenn jemand reden muss, oder einfach nur geduldig sein, wenn die Dinge nicht so laufen, wie Sie es sich wünschen. Kleine Taten der Liebe bewirken viel und zeigen die Liebe Gottes auf sehr reale, sichtbare Weise. Beten Sie regelmäßig für jedes Familienmitglied und bitten Sie Gott, Ihnen zu helfen, sie mit seinen Augen zu sehen. Und wenn Sie frustriert sind, denken Sie daran, dass Gott diese Beziehungen nutzt, um Ihren Charakter zu formen. Beim Aufbau eines disziplinierten Familienlebens geht es nicht um Perfektion; Es geht darum, mit einem Herzen aufzutauchen, das

bereit ist, zu lieben und zu ehren, auch wenn es
schwierig ist.

Disziplin der Freundschaft

Freundschaft ist ein schönes Geschenk und gute Freunde sind ein Segen. In Sprüche 17:17 heißt es: „Ein Freund liebt alle Zeit", was zeigt, wie Gott loyale und liebevolle Freundschaften schätzt. Der Aufbau starker, auf Christus ausgerichteter Freundschaften bedeutet, Freunde auszuwählen, die Sie in Ihrem Glauben ermutigen, die Ihnen Mut machen und die sowohl in guten als auch in schwierigen Zeiten für Sie da sind. Gleichzeitig bedeutet es, ein guter Freund zu sein, sich zu zeigen, vertrauenswürdig zu sein und zu lernen, ehrlich und freundlich zu kommunizieren.

Eine Möglichkeit, gesunde Freundschaften zu pflegen, besteht darin, sich Zeit zu nehmen, um eine tiefe Verbindung zu den Menschen aufzubauen, die Ihnen am Herzen liegen. Nehmen Sie sich Zeit zum Abhängen, teilen Sie Ihre Gedanken mit und hören Sie zu, was ihnen am Herzen liegt. Beten Sie für Ihre Freunde und unterstützen Sie sie gezielt auf ihrem Glaubensweg und ermutigen Sie sie in

Momenten des Zweifels oder des Kampfes. Wenn ein Freund eine schwere Zeit durchmacht, lassen Sie ihn wissen, dass Sie da sind, um ihm zuzuhören oder mit ihm zu beten. Durch diese kleinen, beständigen Taten der Liebe entstehen Freundschaften, die die Zeit überdauern und Gott Ehre bringen.

Disziplin des Mentorings

Es ist ein unglaublicher Segen, jemanden zu haben, der älter und weiser ist und der einen anleitet. In Sprüche 27:17 heißt es: „Wie Eisen Eisen schärft, so schärft einer den anderen." Ein Mentor ist wie ein Coach für Ihr spirituelles Leben – jemand, der einige der Dinge, mit denen Sie konfrontiert sind, durchgemacht hat und göttliche Weisheit, Rat und Ermutigung bieten kann. Einen Mentor zu finden, sei es ein Jugendleiter, ein Freund der Familie oder ein älteres Geschwisterkind, kann lebensverändernd sein. Sie können Ihnen helfen, Ihre blinden Flecken zu erkennen, Ihre Stärken zu fördern und Sie bei der Vertiefung Ihres Glaubens anzuleiten.

Suchen Sie nach jemandem, der seinen Glauben auf eine Weise lebt, die Sie inspiriert. Scheuen Sie sich nicht, Fragen zu stellen und Rat zu Themen einzuholen, die Ihnen wichtig sind. Und denken Sie daran: Mentoring geht in beide Richtungen. Seien Sie offen dafür, zuzuhören, zu lernen und sich auf der Grundlage ihres

Feedbacks sogar selbst herauszufordern. Wenn Sie mit Demut und der Bereitschaft, sich weiterzuentwickeln, an die Mentorschaft herangehen, werden Sie feststellen, dass Sie sich nicht nur als Christin, sondern auch als junge Frau mit einem klaren Sinn für Ziel und Richtung weiterentwickeln.

Disziplin des Mitgefühls

Mitgefühl ist das Herzstück dessen, wer Jesus ist, und er ruft uns alle dazu auf, es zu verkörpern. Matthäus 9:36 sagt uns, dass Jesus Mitleid mit der Menge hatte, weil sie „geplagt und hilflos war wie Schafe ohne Hirten". Mitgefühl bedeutet, die Bedürfnisse um uns herum zu erkennen und mit Liebe und nicht mit Verurteilung zu reagieren. Es geht darum, sich für Freundlichkeit zu entscheiden, auch wenn sie unbequem ist oder die Menschen sie nicht „verdienen".

Um die Disziplin des Mitgefühls zu entwickeln, achten Sie zunächst auf die Menschen um Sie herum. Gibt es jemanden in der Schule, der oft ausgeschlossen oder einsam wirkt? Ein Familienmitglied, das eine schwere Zeit durchmacht? Nehmen Sie sich einen Moment Zeit, um mit ihnen Kontakt aufzunehmen, ein freundliches Wort zu sagen oder einfach bei ihnen zu sitzen. Mitgefühl zu üben bedeutet auch, bereit zu sein, zu vergeben, auch wenn man verletzt ist. Wenn Sie andere Gnade

erweisen, spiegeln Sie Gottes Herz wider, und
das kann tiefgreifende Auswirkungen auf das
Leben um Sie herum haben.

Teil 4: Spirituelles Wachstum

Auf Ihrem Weg als gottesfürchtige junge Frau ist der Aufbau eines starken Fundaments in spirituellen Disziplinen von entscheidender Bedeutung. Dies sind die Werkzeuge, die Gott uns gegeben hat, um ihm näher zu kommen, seine Stimme zu hören und ein Leben zu führen, das tief im Glauben verwurzelt ist. Spirituelles Wachstum geschieht nicht über Nacht – es ist eine lebenslange Verpflichtung. Gebet, Anbetung, Studium der Heiligen Schrift und Fasten sollen Ihnen helfen, sich auf sinnvolle Weise mit Gott zu verbinden, Ihr Verständnis seines Willens zu vertiefen und sich auf das Wesentliche zu konzentrieren.

Disziplin des Gebets

Das Gebet ist unser direkter Weg zu Gott. Hier sprechen wir mit ihm, teilen unsere Gedanken, bekennen unsere Sünden, bitten um Führung und danken ihm für seine Segnungen. Aber beim Gebet geht es nicht nur ums Reden; es geht auch ums Zuhören. Jesus nahm sich oft Zeit zum

Beten, auch wenn er beschäftigt war. Er zeigte uns, dass das Gebet nicht nur ein Ritual, sondern eine Beziehung ist. Philipp 4:6-7 fordert uns dazu auf, „sich um nichts zu sorgen, sondern in jeder Situation durch Gebet und Bitte und mit Danksagung eure Anliegen vor Gott zu bringen."

Um ein starkes Gebetsleben zu entwickeln, nehmen Sie sich jeden Tag Zeit, um mit Gott zu sprechen. Du brauchst keine ausgefallenen Worte – Gott hört dich, egal was passiert. Versuchen Sie, mit Dankbarkeit zu beginnen und Gott für das zu danken, was er für Sie getan hat. Dann bringen Sie ihm Ihre Anliegen und Wünsche vor. Hören Sie zum Schluss schweigend zu und lassen Sie Gott zu Ihrem Herzen sprechen. Erwägen Sie, ein Gebetstagebuch zu führen, um Ihre Gebete aufzuschreiben und zu sehen, wie Gott sie im Laufe der Zeit beantwortet. Denken Sie daran, das Gebet ist kraftvoll. Es stärkt Ihren Geist, bringt Ihnen Frieden und hilft Ihnen, Ihr Herz mit dem Gottes in Einklang zu bringen.

Disziplin des Gottesdienstes

Bei der Anbetung geht es darum, Gott die Ehre und Ehre zu erweisen, die er verdient. Es geht um mehr als nur das Singen von Liedern am Sonntag; Anbetung ist ein Lebensstil. Römer 12:1 sagt uns: „Bringt eure Leiber als lebendiges Opfer dar, heilig und Gott wohlgefällig – das ist eure wahre und rechte Anbetung." Anbetung bedeutet, Gottes Größe anzuerkennen und mit Liebe, Gehorsam und Ehrfurcht zu antworten. Es geht darum, Gott über alles andere in den Mittelpunkt Ihres Lebens zu stellen.

Um im Gottesdienst zu wachsen, laden Sie zunächst Gott in jeden Teil Ihres Lebens ein. Hören Sie Anbetungsmusik, lesen Sie Psalmen und finden Sie Momente an Ihrem Tag, um Ihnen zu erzählen, wer er ist. Anbetung kann so einfach sein, wie Gott zu danken, während man seine Hausaufgaben macht, oder so tief, dass man ihm in einem Lied sein Herz ausschüttet. Und denken Sie daran: Beim Gottesdienst geht es nicht nur darum, sich Gott nahe zu fühlen. Es geht darum, ihn zu ehren, auch wenn man es nicht spürt. Anbetung hält Ihr Herz demütig, erinnert Sie an die Größe Gottes und erhebt Ihren Geist. Machen Sie den Gottesdienst zur täglichen Gewohnheit und beobachten Sie, wie er Sie Gott näher bringt.

Disziplin des Bibelstudiums

Die Bibel ist Gottes Wort und unser Leitfaden fürs Leben. In Psalm 119:105 heißt es: „Dein Wort ist eine Leuchte für meine Füße, ein Licht auf meinem Weg." Wenn wir die Heilige Schrift lesen, lernen wir nicht nur etwas über Gott; wir hören direkt von ihm. Das Studium der Bibel hilft uns, Gottes Charakter, seine Versprechen und seinen Willen für unser Leben zu verstehen. Es vermittelt Weisheit, stärkt unseren Glauben und hilft uns, in einer Welt voller gemischter Botschaften die Wahrheit von der Lüge zu unterscheiden.

Um in dieser Disziplin zu wachsen, nehmen Sie sich jeden Tag Zeit, die Heilige Schrift zu lesen und darüber nachzudenken. Beginnen Sie mit einem bestimmten Buch, beispielsweise den Evangelien, oder verwenden Sie einen

Bibelstudien Plan, der Sie durch verschiedene Themen führt. Überfliegen Sie die Wörter nicht nur – nehmen Sie sich Zeit, darüber nachzudenken, was sie bedeuten und wie sie auf Ihr Leben zutreffen. Bitte Gott darum geben Ihnen Verständnis und Einsicht. Es könnte hilfreich sein, wichtige Verse oder Tagebücher darüber aufzuschreiben, was Gott Sie durch sein Wort lehrt. Das Auswendiglernen der Heiligen Schrift ist auch eine wirksame Möglichkeit, die Wahrheit Gottes nah am Herzen zu behalten, insbesondere in schwierigen Zeiten. Denken Sie daran, dass das Studium der Bibel nicht nur eine akademische Übung ist – es ist ein Akt der Anbetung, der Ihren Geist und Ihr Herz verändert und Sie Gott näher bringt.

Disziplin des Fastens

Fasten ist eine der am wenigsten diskutierten Disziplinen, aber es ist eine wirkungsvolle Möglichkeit, spirituell zu wachsen. Beim Fasten wird für eine gewisse Zeit auf etwas – oft auf Nahrung – verzichtet, um sich auf Gott zu konzentrieren. In Matthäus 6:16-18 spricht Jesus vom Fasten als etwas, das seine Anhänger tun würden, und in der gesamten Bibel wird es als eine Möglichkeit gesehen, Gottes Führung zu suchen, Buße zu tun oder sich auf etwas Wichtiges vorzubereiten. Das Fasten hilft uns, Ablenkungen beiseite zu legen und uns auf die Kraft Gottes zu verlassen.

Wenn Sie neu im Fasten sind, fangen Sie klein an. Sie können von einer Mahlzeit, einer bestimmten Art von Essen oder sogar von Dingen wie sozialen Medien aus fasten. Verbringen Sie während Ihres Fastens die Zeit, die Sie normalerweise mit Essen oder anderen Aktivitäten verbringen würden, mit Beten und dem Lesen der Heiligen Schrift. Das Ziel ist, Gott näher zu kommen und nicht nur auf etwas zu verzichten. Das Fasten erinnert uns daran, dass unsere wahre Erfüllung allein von Gott kommt. Es hilft uns, uns auf ihn zu konzentrieren und seinen Willen über unsere eigenen Wünsche zu stellen. Indem Sie diese Disziplin praktizieren, lernen Sie, auf Gottes Versorgung zu vertrauen und eine tiefere Abhängigkeit von ihm zu entwickeln.

Teil 5: Charakter

Wenn es darum geht, eine fromme junge Frau zu sein, spricht nichts mehr als Ihr Charakter. In den Augen der Welt scheint der Charakter manchmal zweitrangig gegenüber Erfolgen, Aussehen oder Popularität zu sein. Aber in Gottes Augen ist es viel wichtiger, wer du bist, als was du tust oder wie du erscheinst. Bei der Charakterbildung geht es darum, Gott Ihr Herz so formen zu lassen, dass es in allem, was Sie sagen und tun, seine Güte und Liebe widerspiegelt. Es ist der Teil von dir, der Menschen dazu bringt, Jesus in dir zu sehen, noch bevor du ein Wort sagst. Integrität, Freundlichkeit, Geduld und Demut. Das sind nicht nur „nette" Eigenschaften; es sind Disziplinen, die Engagement, Selbstbeherrschung und viel Gebet erfordern. Aber jede dieser Eigenschaften wird Sie Gott näherbringen und einen bleibenden Eindruck auf die Menschen um Sie herum hinterlassen.

Disziplin der Integrität

Integrität bedeutet, innerlich und äußerlich dieselbe Person zu sein. In Sprüche 11:3 heißt es: „Die Redlichkeit der Aufrichtigen leitet sie, aber die Untreuen werden durch ihre Doppelzüngigkeit zugrunde gerichtet." Bei Integrität geht es darum, ehrlich und wahrhaftig zu sein, auch wenn niemand sonst zuschaut. Im Umgang mit Freunden oder der Familie ist es leicht, auf eine bestimmte Art und Weise zu sein, aber Gott ruft uns dazu auf, jederzeit Menschen der Wahrheit zu sein. Wenn Sie ehrlich zu sich selbst, zu anderen und zu Gott sind, schaffen Sie Vertrauen und Respekt, sowohl in Ihrem eigenen Herzen als auch gegenüber Ihren Mitmenschen.

Um Integrität zu praktizieren, überprüfen Sie zunächst Ihre Handlungen und Worte anhand der Wahrheit Gottes. Fragen Sie sich: „Ehre ich Gott mit meinen Entscheidungen?" Vermeiden Sie kleine Lügen oder das Vorgeben, jemand zu sein, der Sie nicht sind. Gott ist nicht an Perfektion interessiert, aber er legt Wert auf Authentizität. Bleiben Sie in Christus standhaft, auch wenn das bedeutet, dass Sie schwierige Entscheidungen treffen müssen. Wenn Sie einen Fehler machen, stehen Sie dazu. Bei Integrität geht es nicht darum, niemals etwas zu vermasseln; Es geht darum, authentisch zu sein und das Richtige zu tun, auch wenn es schwer ist.

Disziplin der Freundlichkeit

Freundlichkeit ist Liebe in Aktion. Es ist die Entscheidung, mitfühlend zu sein, auch wenn die Leute es nicht erwidern. Epheser 4:32 erinnert uns: „Seid gütig und barmherzig zueinander und vergebt einander, so wie Gott euch in Christus vergeben hat." Jesus zeigte allen, denen er begegnete, Freundlichkeit, von den Kranken bis zu den Ausgestoßenen, und er rief uns dazu auf, dasselbe zu tun. In einer Welt, in der Menschen schnell urteilen oder kritisieren können, kann Freundlichkeit ein machtvolles Zeugnis der Liebe Gottes sein.

Bei Freundlichkeit geht es nicht nur um große Gesten; es liegt in den kleinen, alltäglichen Dingen. Ein freundliches Wort, ein Lächeln oder jemandem zu helfen kann den Tag eines Menschen enorm verändern. Üben Sie sich, sich der Bedürfnisse anderer bewusst zu sein, und suchen Sie nach Möglichkeiten, ihnen zu dienen. Wenn dich jemand verletzt hat, entscheide dich für Vergebung, statt Groll zu hegen. Güte erfordert vielleicht Opfer, aber denken Sie daran, dass Jesus uns am Kreuz das ultimative Beispiel für Güte gegeben hat. Wenn Sie Freundlichkeit zeigen, spiegeln Sie sein Herz in der Welt wider.

Disziplin der Geduld

Geduld bedeutet zu lernen, auf Gottes Timing zu warten, anstatt vorauseilen. In Sprüche 16:32 heißt es: „Besser ein geduldiger Mensch als ein Krieger, einer mit Selbstbeherrschung, als einer, der eine Stadt einnimmt." Es ist ganz natürlich, dass man sich jetzt etwas wünscht, sei es eine Gebetserhörung, eine Freundschaft oder das Erreichen eines Ziels. Aber Gott nutzt das Warten oft, um unseren Glauben zu stärken und unser Vertrauen in ihn zu stärken. Bei Geduld geht es nicht nur darum, Verzögerungen in Kauf zu nehmen; Es geht darum, einen ruhigen Geist zu entwickeln und darauf zu vertrauen, dass Gottes Timing perfekt ist.

Um geduldig zu werden, beginnen Sie damit, zu erkennen, wann Sie frustriert oder ungeduldig sind. Anstatt zu reagieren, nehmen Sie sich einen Moment Zeit zum Atmen, Beten und bitten Sie Gott um Frieden. Vertraue darauf, dass Gott das große Ganze sieht und einen Plan hat, auch wenn die Dinge nicht so schnell gehen, wie du es dir wünschst. Übe auch Geduld mit anderen. Die

Menschen erfüllen möglicherweise nicht immer Ihre Erwartungen oder verhalten sich nicht immer so, wie Sie es möchten, aber mit Gnade statt mit Verärgerung zu reagieren, spiegelt Gottes Geduld uns gegenüber wider.

Disziplin der Demut

Demut bedeutet, sich selbst genau zu sehen – weder zu hoch noch zu niedrig von sich selbst zu denken. Philipp 2:3-4 ermutigt uns: „Tue nichts aus selbstsüchtigem Ehrgeiz oder eitler Einbildung. Stellen Sie vielmehr in Demut andere höher als sich selbst und achten Sie nicht auf Ihre eigenen Interessen, sondern auf die Interessen eines jeden von Ihnen." Obwohl Jesus Gott war, demütigte er sich und diente anderen. Demut ist das Gegenteil von Stolz und der Kern eines auf Christus ausgerichteten Lebens.

Bescheidenheit bedeutet nicht, dass man sich herabsetzt. Es bedeutet zu erkennen, dass Ihr Wert von Gott kommt und nicht von Erfolgen oder Popularität. In der Praxis bedeutet Demut, die Bedürfnisse anderer über die eigenen zu stellen, bereit zu sein, zuzugeben, wenn man falsch liegt, und Gott die Ehre zu geben, anstatt sie für sich selbst zu suchen. Wenn dich jemand lobt, danke ihm, aber denke daran, Gott für jedes Talent oder jeden Erfolg anzuerkennen. Lassen Sie Ihre Taten mehr sagen als Ihre Worte und

versuchen Sie zu dienen, anstatt bedient zu
werden. Demut zieht Menschen zu dir, nicht
weil du bist, sondern weil Gott durch dich ist.

Teil 6: Anderen dienen

Der Dienst an anderen ist eine der deutlichsten Möglichkeiten, die Liebe Jesu zu zeigen. Wenn Sie Ihre Zeit, Ihre Energie oder Ihre Ressourcen einsetzen, um anderen zu helfen, setzen Sie Ihren Glauben in die Tat um. Jesus predigte nicht nur Liebe; Er zeigte es, indem er sich ständig um die Bedürftigen kümmerte, großzügig gab, mit gutem Beispiel voran ging und Menschen ermutigte, die sich verloren oder entmutigt fühlten. Als fromme junge Frauen sind wir aufgerufen, diesem Beispiel zu folgen und einen positiven Einfluss auf das Leben anderer zu nehmen. Servieren ist nicht immer einfach und oft bedeutet es, die eigene Komfortzone zu verlassen. Aber wenn Sie mit aufrichtigem Herzen dienen, lassen Sie Gottes Licht durch Sie scheinen.

Schauen wir uns vier wichtige Möglichkeiten an, um ein Herz für den Dienst zu entwickeln: Öffentlichkeitsarbeit, Großzügigkeit, Führung und Ermutigung. Jede dieser Disziplinen ist eine

Chance, Jesus zu reflektieren und seine Liebe mit der Welt um Sie herum zu teilen.

Disziplin der Öffentlichkeitsarbeit

Outreach bedeutet, sich an Menschen zu wenden, die sich möglicherweise übersehen, einsam oder in Not fühlen. Jesus ging oft an Orte, die andere mieden – zum Beispiel bei Treffen mit Zöllnern, Sündern und solchen, die von der Gesellschaft ignoriert wurden. Matthäus 25:40 erinnert uns daran: „Was du für einen meiner geringsten Brüder und Schwestern getan hast, das hast du für mich getan." Wenn Sie Menschen dienen, die es möglicherweise nicht erwarten oder von anderen vernachlässigt wurden, dienen Sie Jesus selbst.

Ein Outreach-Einsatz muss keine große Missionsreise bedeuten (obwohl diese auch großartig ist!). Es kann so einfach sein, mit einem neuen Schüler beim Mittagessen zusammenzusitzen, sich ehrenamtlich in einem örtlichen Tierheim zu engagieren oder an einem kirchlichen Outreach-Programm teilzunehmen. Schauen Sie sich in Ihrer Schule, Gemeinde oder Kirche um, um Orte zu finden, an denen Sie etwas bewirken können. Fangen Sie klein an und machen Sie sich keine Sorgen, wenn Sie nervös sind – Gott sieht Ihre Bereitschaft und wird Ihnen die Kraft geben, sich zu steigern.

Disziplin der Großzügigkeit

Bei Großzügigkeit geht es darum, frei zu geben, sei es Zeit, Geld, Besitztümer oder Talente. In Sprüche 11:25 heißt es: „Ein großzügiger Mensch wird Erfolg haben; Wer andere erquickt, wird erfrischt werden." Bei Großzügigkeit kommt es nicht darauf an, wie viel man hat; es geht um das Herz, das hinter dem Geben steckt. Jesus lobte die Witwe, die zwei kleine Münzen gab, weil sie alles gab, was sie hatte (Markus 12,41-44). Bei Großzügigkeit geht es darum, Opfer zu bringen und die Bedürfnisse anderer über die eigenen zu stellen.

Eine Möglichkeit, Großzügigkeit zu üben, besteht darin, sie zur Gewohnheit zu machen. Legen Sie einen kleinen Teil Ihres Taschengeldes oder Einkommens beiseite, um es für einen Zweck zu spenden, der Ihnen am Herzen liegt. Das kann Ihre Kirche, eine Wohltätigkeitsorganisation oder sogar der Kauf einer Mahlzeit für jemanden in Not sein. Neben Geld können Sie auch Ihre Zeit spenden – indem Sie einem Freund bei den Hausaufgaben helfen, sich ehrenamtlich engagieren oder Ihre Talente einsetzen, um anderen zu helfen. Denken Sie daran, Großzügigkeit hat viele Formen und Gott schätzt jede einzelne davon. Wenn Sie es mit fröhlichem Herzen geben, spiegeln Sie Gottes Großzügigkeit uns gegenüber wider.

Disziplin der Führung

Bei Führung geht es nicht nur darum, die Verantwortung zu übernehmen; es geht darum, ein positives Beispiel zu geben und andere zu Christus zu führen. Jesus zeigte uns, dass es bei wahrer Führung darum geht, anderen zu dienen und nicht um Macht oder Anerkennung zu streben. In Matthäus 20,26-28 heißt es: „Wer unter euch groß werden will, soll euer Diener sein, und wer der Erste sein will, soll euer Sklave sein – so wie der Menschensohn nicht gekommen ist, um sich dienen zu lassen, sondern um zu dienen." Ein gottesfürchtiger Führer ist demütig, fürsorglich und konzentriert sich auf das, was für andere am besten ist.

Um eine Führungspersönlichkeit zu sein, muss man nicht freimütig oder beliebt sein. Beginnen Sie damit, durch Ihre Handlungen voranzugehen – zeigen Sie Freundlichkeit, Respekt und Integrität, auch wenn es schwierig ist. Setzen Sie sich für das ein, was richtig ist, und ermutigen Sie andere, dasselbe zu tun. Wenn Sie sich in einem Schulclub, einer Kirchengruppe oder einer Sportmannschaft engagieren, suchen Sie nach Möglichkeiten, Ihre Teamkollegen oder Mitglieder zu unterstützen und zu fördern. Denken Sie daran, dass es bei Führung nicht um einen Titel geht; Es geht darum, Gott und anderen mit ganzem Herzen zu dienen. Lassen Sie Ihre Taten sprechen und seien Sie bereit, andere näher zu Christus zu führen.

Disziplin der Ermutigung

Ermutigung bedeutet, andere aufzurichten, sie an ihren Wert zu erinnern und ihnen zu helfen, ihren Wert in den Augen Gottes zu erkennen. Die Bibel fordert uns auf, „einander zu ermutigen und einander zu stärken" (1. Thessalonicher 5,11). In einer Welt, in der sich Menschen oft unter Druck gesetzt, beurteilt oder entmutigt fühlen, kann Ermutigung ein wirkungsvoller Dienst sein. Manchmal kann ein einfaches, freundliches Wort oder eine Erinnerung an die Liebe Gottes einen großen Unterschied im Alltag oder sogar im Leben eines Menschen bewirken.

Um Sie zu ermutigen, suchen Sie nach Gelegenheiten, den Menschen um Sie herum Leben einzuhauchen. Machen Sie einer Freundin ein Kompliment für ihre Stärken, schreiben Sie eine ermutigende Notiz oder beten Sie mit jemandem, der Probleme hat. Ermutigen Sie Ihre Freunde auf ihrem Weg mit Gott und erinnern Sie sie daran, dass sie geliebt und geschätzt werden. Seien Sie ein offenes Ohr, wenn jemand reden muss, und sagen Sie freundliche und hoffnungsvolle Worte. Ermutigung ist eine schöne Möglichkeit, die Liebe Christi zu zeigen und erfordert keine besonderen Fähigkeiten – nur ein williges Herz.

Teil 7: Mit Sinn leben

Mit Absicht zu leben bedeutet, zu wissen, wer Sie in Christus sind, und sich dafür zu entscheiden, jeden Tag mit Absicht zu leben und sich auf das zu konzentrieren, wozu Gott Sie berufen hat. Es geht darum, sich Ziele zu setzen, die es ehren, stark zu bleiben, wenn es schwierig wird, an sich selbst als Tochter Gottes zu glauben und sich von seiner Gnade formen und wachsen zu lassen. Sie sind aus einem bestimmten Grund hier, und wenn Sie mit Absicht leben, gehen Sie mutig den Weg, den Gott für Sie vorgesehen hat.

Disziplin der Zielsetzung

Das Setzen von Zielen ist eine Möglichkeit, die Träume, die Gott in Ihr Herz gelegt hat, in die richtige Richtung zu lenken. In Sprüche 16:3 heißt es: „Übergebe dem Herrn alles, was du tust, und er wird deine Pläne festigen." Wenn Sie Pläne schmieden, die mit Gottes Willen übereinstimmen, verspricht er Ihnen, Ihnen bei der Verwirklichung dieser Pläne zu helfen. Beim

Setzen von Zielen geht es nicht nur darum, eine Checkliste zu erstellen – es geht darum, Gottes Führung einzuholen und ihn zu bitten, Ihnen die Schritte zu zeigen, die er von Ihnen möchte.

Verbringen Sie zunächst Zeit im Gebet und bitten Sie Gott, seine Wünsche für Ihr Leben zu offenbaren. Schreiben Sie Ziele auf, die Sie ehren, unabhängig davon, ob sie mit der Schule, Freundschaften, der Familie oder persönlichem Wachstum zusammenhängen. Teilen Sie Ihre Ziele in kleine, erreichbare Schritte auf. Wenn Sie beispielsweise die Bibel konsequenter lesen möchten, beginnen Sie mit einem Kapitel pro Tag oder folgen Sie einem Leseplan. Behalten Sie Ihre Fortschritte im Auge und scheuen Sie sich nicht, Ihre Ziele anzupassen, wenn Sie wachsen. Denken Sie daran, dass es bei Zielen nicht um Perfektion geht; Es geht um Fortschritt. Gehen Sie Schritt für Schritt vor und vertrauen Sie darauf, dass Gott in und durch Sie wirkt.

Disziplin der Resilienz

Bei Resilienz geht es darum, fest im Glauben zu bleiben, auch wenn das Leben nicht wie geplant verläuft. Das Leben wird Herausforderungen mit sich bringen, und belastbar zu sein bedeutet nicht, so zu tun, als wären diese Herausforderungen nicht real; Es bedeutet, darauf zu vertrauen, dass Gott größer ist als jedes Hindernis, dem Sie gegenüberstehen. Jakobus 1:2-4 sagt uns: „Betrachte es als reine Freude ... "Wann immer du Prüfungen aller Art gegenüber stehst, denn du weißt, dass die Prüfung deines Glaubens Ausdauer hervorbringt." Jede Herausforderung, der Sie gegenüberstehen, kann Sie stärker machen und Ihr Vertrauen in Gott vertiefen.

Um Ihre Widerstandsfähigkeit zu stärken, üben Sie, sich in kleinen Dingen auf Gott zu verlassen. Wenn die Schule überwältigend ist oder sich Freundschaften kompliziert anfühlen, beten Sie und bitten Sie Gott um Kraft. Vertrauen Sie auf seine Versprechen und denken Sie daran, dass er immer bei Ihnen ist. Umgeben

Sie sich mit unterstützenden Freunden und Familienmitgliedern, die Ihnen Mut machen können, wenn Sie Probleme haben. Und lassen Sie sich von Rückschlägen nicht entmutigen. Sie sind nicht das Ende – sie sind Gelegenheiten für Gott, für Sie zu wirken und Ihren Charakter zu stärken. Resilienz baut sich mit der Zeit auf und jedes Mal, wenn Sie sich dafür entscheiden, Gott zu vertrauen, wird Ihr Glaube stärker.

Disziplin des Vertrauens

Bei Selbstvertrauen geht es nicht darum, zu denken, man sei perfekt; Es geht darum, zu wissen, wer man in Christus ist. Wenn Sie verstehen, dass Sie eine geliebte Tochter Gottes sind, die mit Absicht geschaffen und mit Talenten ausgestattet ist, können Sie mit Zuversicht wandeln, nicht aufgrund dessen, wer Sie sind, sondern aufgrund dessen, wer er ist. Psalm 139:14 erinnert uns daran: „Ich preise dich, weil ich furchtbar und wunderbar gemacht bin." Ihr Wert hängt nicht davon ab, was andere über Sie denken; es kommt von Gott, der dich nach seinem Bild geschaffen hat.

Um Vertrauen aufzubauen, erinnern Sie sich zunächst an die Wahrheiten Gottes. Sprechen Sie Aussagen aus der Bibel über sich selbst, wie zum Beispiel „Ich bin geliebt" (Jeremia 31,3) und „Ich kann alles durch Christus tun" (Philipp 4,13). Üben Sie die Gaben , die Gott Ihnen gegeben hat, sei es in der Wissenschaft, in der Musik, in der Kunst oder im Dienst für andere. Vergleichen Sie sich nicht mit anderen; feiern

Sie stattdessen die einzigartige Person, zu der Gott Sie gemacht hat. Denken Sie daran: Gott macht keine Fehler. Wenn Sie voller Zuversicht gehen, spiegeln Sie den Wert wider, den er Ihrem Leben bereits beimisst.

Gnade und Wachstum

Gnade ist eines der schönsten Geschenke Gottes und für ein zielgerichtetes Leben unerlässlich. Gnade erinnert uns daran, dass wir nicht perfekt sein müssen und dass Gottes Liebe immer noch da ist, um uns aufzurichten, wenn wir fallen. Am 2. Korinther 12,9 heißt es: „Meine Gnade genügt euch, denn meine Kraft wird in Schwachheit vollkommen." Gottes Gnade ist nicht nur da, wenn Sie Fehler machen – sie hilft Ihnen auch dabei, zu wachsen und die Person zu werden, zu der er Sie berufen hat.

Mit Anmut zu leben bedeutet, freundlich zu sich selbst zu sein. Wenn Sie zu kurz kommen, denken Sie daran, dass sich Gottes Liebe nicht ändert. Er verlangt nicht nach Perfektion – Er bittet um Ihr Herz und Ihre Bereitschaft, zu wachsen. Gönnen Sie sich dabei Gnade und denken Sie daran, dass Wachstum Zeit braucht. Beten Sie, dass Gott Ihnen Bereiche zeigt, in denen Sie wachsen müssen, und bitten Sie ihn, Ihnen dabei zu helfen, kleine Schritte zu unternehmen, um mehr wie Jesus zu werden.

Und so wie Gott Ihnen Gnade erweist, üben Sie auch, andere Gnade zu erweisen. Ermutigen Sie sie, wenn es ihnen schlecht geht, verzeihen Sie, wenn Ihnen Unrecht geschieht, und lieben Sie bedingungslos. Gnade ist ein machtvolles Zeugnis der Liebe Gottes.

Abschluss

Denken Sie am Ende dieses Buches daran, dass die Reise des spirituellen Wachstums ein lebenslanges Abenteuer mit Gott ist. Die Disziplinen, über die Sie gelesen haben – Gebet, Reinheit, Freundlichkeit, Mitgefühl, Demut und mehr – sind nicht nur Regeln oder Erwartungen. Sie sind Wege zu einer tieferen Beziehung zu Jesus und die Grundlage für ein Leben, das der Welt seine Liebe und Wahrheit offenbart.

Ein diszipliniertes Leben zu führen ist nicht immer einfach, besonders in einer Welt, die uns oft von göttlichen Werten entfernt. Aber mit Gottes Führung, Ihrer Hingabe an sein Wort und der Kraft des Heiligen Geistes in Ihnen können Sie stark bleiben und mutig als Abbild Christi leben. Wenn es Ihnen nicht gelingt, denken Sie daran, dass Gottes Gnade größer ist als alle Ihre Schwierigkeiten. Seine Liebe basiert nicht auf Ihrer Perfektion, sondern auf seiner unveränderlichen Treue.

Wenn Sie disziplinierter werden, bereiten Sie sich auf ein Leben vor, das Gott zu jeder Jahreszeit ehrt. Die Gewohnheiten, die Sie jetzt entwickeln, werden Sie durch die High School, Freundschaften, das College, Beziehungen und alle Herausforderungen führen, die vor Ihnen liegen. Wandeln Sie weiterhin mit Gott, suchen Sie nach seiner Weisheit und vertrauen Sie auf seine Versprechen.

Schriften zur Förderung der Disziplin

Sprüche 4:23 – „Behüte vor allem dein Herz, denn alles, was du tust, entspringt ihm.“

1. Timotheus 4:12 – „Lass nicht zu, dass jemand auf dich herabschaut, weil du jung bist, sondern sei ein Vorbild für die Gläubigen in der Sprache, im Verhalten, in der Liebe, im Glauben und in der Reinheit.“

Philipper 4:8 – „Was auch immer wahr ist, was edel ist, was richtig ist, was rein ist, was lieblich ist, was auch immer bewundernswert ist – wenn etwas ausgezeichnet oder lobenswert ist – denken Sie über solche Dinge nach.“

Psalm 119:105 – „Dein Wort ist eine Leuchte für meine Füße, ein Licht auf meinem Weg.“

Römer 12:2 – „Passen Sie sich nicht dem Muster dieser Welt an, sondern lassen Sie sich durch die Erneuerung Ihres Geistes verwandeln.“

Matthäus 5:16 – „Lass dein Licht vor anderen leuchten, damit sie deine guten Taten sehen und deinen Vater im Himmel verherrlichen.“

Sprüche 3:56 – „Vertraue dem Herrn von ganzem Herzen und verlasse dich nicht auf deinen eigenen Verstand; Unterwerfe dich ihm auf allen deinen Wegen, und er wird deine Wege gerade machen.“

Galater 5:22-23 – „Aber die Frucht des Geistes ist Liebe, Freude, Frieden, Nachsicht, Freundlichkeit, Güte, Treue, Sanftmut und Selbstbeherrschung."

Jakobus 1:5 – „Wenn es einem von euch an Weisheit mangelt, solltet ihr Gott bitten, der allen großzügig gibt, ohne Fehler zu finden, und es wird euch gegeben."

Josua 1:9 – „Sei stark und mutig. Fürchte dich nicht; Sei nicht entmutigt, denn der Herr, dein Gott, wird mit dir sein, wohin du auch gehst.

Lassen Sie diese Verse Sie an die Liebe Gottes, Ihre Identität in Christus und die Kraft, die er bietet, erinnern. Auf diesem Weg sind Sie nicht allein. Mit seinem Wort als Leitfaden haben Sie alles, was Sie brauchen, um ein Leben voller Disziplin, Zielstrebigkeit und Freude in ihm zu führen. Leuchten Sie weiterhin für Jesus und mögen Gott jeden Schritt segnen, den Sie als fromme junge Frau unternehmen.